del
Encuentro

Adriano Corrales Arias

Poesía del Encuentro
Antología del VII Encuentro Internacional de Escritores
Costa Rica 2010

MediaIsla
Sueños posibles
Miami, FL 2010

Copyright © **Adriano Corrales Arias | mediaIsla**
Colección *Sueños posibles No. 2*
Todos los derechos reservados

mediaIsla editores, ltd

http://mediaisla.net

Prohibida la reproducción total
o parcial de esta obra, sin la autorización
del autor o la editorial, por cualquier
medio o procedimiento informático,
de acuerdo con las sanciones
establecidas por las leyes.

Primera Edición: agosto de 2010

ISBN: 978-0-557-57083-6

Publicado por: *mediaIsla editores/lulu.com*
Correo electrónico mediaisla@gmail.com

Selección, prólogo y notas: **ADRIANO CORRALES ARIAS**
Dibujo de portada: **ARTURO SANTANA**
Diseño de portada: **AMÉRICO OCHOA**
Diseño interior y maquetación: © **MEDIAISLA EDITORES, LTD**

ÍNDICE

Presentación | 9
Alfredo Trejos
Desnudo Calle Fitzroy | 17
Railway | 18
Viñeta mística | 18
Arabella Salaberry
Llueven pájaros | 23
Solo de palabras | 24
Chicas malas | 24
Guillermo Acuña González
Cosa juzgada | 31
Estupor vocacional | 31
Aplican restricciones | 32
Nidia Marina González Vásquez
Este cuerpo | 35
Prefiero | 35
Florecer despacio a puro olfato | 36
David Cruz
El naufragio de Diego de Almagro | 39
La pesadilla del hijo tejedor | 40
La revancha de la reina Ana | 40
Henry López Padilla
I | 45
II | 45
III | 46
Marco Aguilar
La muerta | 49
Paz | 50
Ovillejo | 50
Melvin Aguilar

Los muertos de esta historia | **53**
Un doble-tango para Justina | **54**
Repasos de un niño erudito | **55**
Alejandro Cordero
Carta abierta | **61**
Müge | **62**
Derecho de respuesta | **62**
Luis Enrique Arce Navarro
Los indios encantados | **67**
Con el mar cantando | **68**
Elliete Ramírez Alvarado
Arte poética | **73**
Poema 2 | **73**
Poema 3 | **74**
Bernardo Corrales Briceño
No rezo a este cascarón de magma | **79**
Ecosaurios goriletis | **79**
Comparsas | **81**
Francisco Rodríguez
En la mirada disuelta | **85**
Las últimas hojas | **85**
Mis ojos | **86**
La lluvia | **86**
El estanque | **86**
Los niños | **87**
Ciudad solitaria | **87**
William Pérez Porras
Propieda intelectual | **91**
Unconfortable Numb | **91**
Macarena Barahona
1 | **97**
Resuenan los besos en el aire | **97**
Quisiera el corazón ojo del volcán | **98**
Leonardo Villegas Gómez
La puerta | **103**
Árbol lapidario | **104**
Pintaré musulmanes en el vientre | **105**
Carlos Clará
Sara | **109**
Fotografía de dos | **110**

Séptima revelación del no retorno | **111**
Carlos Alfredo Calero Rojas
Mandarinas | **115**
Alcaraván delictivo | **115**
Cuestiones lingüísticas | **116**
Samuel Trigueros Espino
Nada de perfil | **119**
VII | **122**
Aida Toledo
Bondades de la cibernética | **127**
7 | **127**
Fábula de Di Pi… | **128**
Enrique Noriega
Tiré la toalla | **133**
Un hombre vestido de blanco | **134**
María Auxiliadora Álvarez
Tal vez sobrexistíamos | **141**
El hueso de la apuesta | **141**
Piedras de reposo | **142**
Leonardo Nin
La travesía | **145**
Para no pecar | **146**
Cicuta para poeta | **147**
Susana Reyes
El olor a tabaco | **151**
Lo vi ascendiendo por la cuesta gris | **152**
La ciudad seguía su pulso | **24**
Harris Schiff
Muy madre | **157**
Exterminator's Son | **157**
Canción del exterminador | **158**
René Rodríguez Soriano
Retrato de mamá | **161**
Retrato de papá | **161**
La muda | **161**
Fogón | **162**
Oroliz | **162**
Morena | **162**
Sed de pez | **163**

Diego L. Bastianutti
Amado albatros | **167**
Enigma | **168**
Lunas de Jano | **170**
Álvaro Rivas Gómez
Ábrete sésamo | **175**
Oración para sonreír | **175**
Pozo | **176**
Otoniel Martínez
Niña dibujando | **179**
Filosofía pura | **180**
El brujo de la tribu como prueba concreta… | **24**

Presentación

Este año se cumplen 11 años del inicio de la aventura. La revista *Fronteras*, dirigida por quien esto escribe en la Sede Regional San Carlos del Tecnológico de Costa Rica, convocó, para el año 1999, a un Encuentro de Poetas Nicaragüense y Costarricenses, como homenaje *in memoriam* al poeta jefe de la vanguardia nica, José Coronel Urtecho, quien vivió más de 30 años en el norte de nuestro país. El mismo se celebró en Ciudad Quesada de San Carlos y en Los Chiles, Frontera Norte, donde se declaró al poeta Coronel Urtecho Hijo predilecto del Cantón, pues allí, junto a los de su esposa, descansan sus restos.

En el año 2001, en San José, específicamente en el Centro Nacional de Cultura (CENAC), propiamente en el Colegio de Costa Rica, se celebró el II Encuentro de Escritores Costa Rica-Nicaragua, al cual asistieron delegaciones de El Salvador y de México, además de un nutrido grupo de escritores costarricenses y nicaragüenses. En dicha ocasión, conjuntamente con la Memoria del Encuentro, se editó una antología de poesía denominada *Poesía de fin de siglo: Nicaragua-Costa Rica*.

En ese II Encuentro se decidió que el mismo se convertiría en Encuentro Centroamericano de Escritores y se organizaría, rotativa y anualmente, en cada capital de nuestros países, entendiendo que los escritores de la sede correspondiente se encargarían de producirlo. El III Encuentro se llevó a cabo, con mucho éxito, en Managua, Nicaragua, con delegaciones de todo el istmo en el año 2002. El IV debió celebrarse al año siguiente en El Salvador, pero sus organizadores no lograron realizarlo por problemas internos. Debido a ello el encuentro se estancó.

Entonces, como creadores y promotores del proyecto, decidimos revitalizarlo convocándolo anualmente, pero con sede fija: San José, concretamente en el Centro Académico de San José del Tecnológico de Costa Rica. Así, en el 2007 celebramos el IV Encuentro con cambio de nomenclatura. Y este año, con ampliación de la convocatoria y de las locaciones, durante una ardua pero jubilosa semana, celebramos el VI Encuentro Internacional de Escritores.

El formato básico consiste en lecturas de poesía y narrativa, no solamente en el asiento y sede principal, la Casa Cultural Amón del Centro Académico de San José, sino que se realizan en la ciudad capital y alrededores, así como en otras ciudades tales como Alajuela, Heredia, Cartago, Puntarenas, Ciudad Quesada, Turrialba, San Ramón y San Isidro de El General. Allí las mismas transcurren bajo la responsabilidad de grupos literarios locales, organizaciones socioculturales, gobiernos locales, centros culturales, museos, e instituciones educativas. Las sedes centrales y regionales universitarias del Consejo Nacional de Rectores (CONARE) han sido un gran apoyo en ese sentido.

Y cada año tratamos de producir una Memoria del Encuentro. Para esta ocasión, y gracias al ofrecimiento y coordinación con *medíaIsla editores*, la memoria se convierte en una Antología de poesía con todos los participantes. Nos regocijamos que la misma tenga un soporte de libro, con la calidad reconocida de los editores, porque ya no se quedará en el ámbito local y centroamericano, sino que trascenderá las fronteras del istmo. Es decir, nos permitirá ingresar a universidades y centros culturales de Norteamérica y allende los mares. Ello indica que el objetivo que nos habíamos trazado en ese sentido se ha superado y prolongado considerablemente.

Como el amable lector notará, la "antología" levanta velas a partir de la selección que anualmente realizamos para la convocatoria al Encuentro. En el caso de los poetas costarricenses, y de un modo sensatamente "democrático", se procura invitar a quienes no han participado aún. Igual sucede con los invitados internacionales, intentando una representatividad idónea para sus respectivos países.

De tal manera que no hay una "voluntad antológica", sino que lo que presentamos a continuación es una muestra variada y nutritiva de los poetas costarricenses e internacionales invitados. La misma es un abanico de tendencias y generaciones, el cual nunca estuvo pensado para producir una antología, por eso, en algún sentido, este volumen sería más bien una "antojología", en tanto se originó con la selección de los invitados y no de los poetas a publicar. Dicho de otra manera, en principio se parte del invitado en tanto su reconocimiento y relación con el público, no en cuanto a su posibilidad de publicación. Por supuesto, la calidad de los mismos ha sido certificada con antelación.

Les invitamos pues a ingresar a una antología *sui generis*, pero que, de variada manera, representa una porción del mosaico intercultural de la producción poética de Nuestra América con todas sus variantes estilísticas y estéticas, y con todos los aportes e injertos de la matriz europea. Lo variopinto de la muestra le agrega innegable pimienta al conglomerado de poetas seleccionados, de tal suerte que el investigador, el estudiante o, sencillamente, el apreciado lector, logrará darse una idea aproximada de los rumbos que sigue la pujante formación discursiva al interior de la poesía de nuestro continente y de más allá.

Adriano Corrales Arias
Coordinador General
del Encuentro Internacional de Escritores
San José, Costa Rica.

Poetas del Encuentro

Alfredo Trejos
(Costa Rica, 1977).

Poeta. Miembro del Taller Literario Francisco Zúñiga Díaz, de 1995 a 2000 y del grupo literario *Enésima Silla de Cartago*, de 1997 a 2002. Ha publicado *Carta sin cuerpo*, (Ediciones Perro Azul, año 2001); *Arrullo para la noche tóxica*, (Ediciones Perro Azul, 2005, con una edición mexicana por parte de Gaceta Literal, año 2007) y *Vehículos pesados* (Ediciones Arboleda, 2010). Actualmente trabaja en el poemario titulado *El Foso de la orquesta*. Poemas suyos han sido incluidos en algunas antologías regionales así como en revistas culturales.

Desnudo Calle Fitzroy
(Sobre un cuadro de Mathew Smith)

La mujer de Calle Fitzroy
sigue con la mirada
en la migas de pan
que caen de la mesa.

No sabe maquillarse.
Intenta recordar el orden
en que deberá volverse a vestir
si no llueve
si el viento logra saltar a la otra ventana
si el mantel no se enreda en la miseria
como es de esperar.

La mujer de Calle Fitzroy
tiene sangre en el costado
un brazo roto
y lleva medias azules.

Decide quedarse desnuda un poco más.

Sabia mujer de Calle Fitzroy.

Vestirse ahora sería
como poner vendajes
a la pintura fresca.

Railway

Me gusta llamarte a media tarde
cuando el hombre del pan
acostumbra venir por su dinero
y sol se rompe en esa telaraña
que desluce tu retrato.

Qué solitaria forma de temer,
qué penosa mascarada es darse ánimo.

No te toco.
Cargo con los lobos de tu niebla.
Me detengo a respirar y a no tocarte.

Mujer en vida
bastón de largo luto
cámara oscura en la que la imagen del corazón
se invierte y se derrama

estoy encarcelado en un vagón de lluvia
que corre noche y día
hacia donde no estás viendo.

Viñeta mística

Dios
por qué nunca permitiste
que le fallara el truco a la Mujer Maravilla
aquel en el que dando vueltas
como novia de pueblo
se sacaba su traje de calle
para quedar en su traje de heroína:

corona
pantaloncito azul
corpiño rojo

incontables milagros
pero santa, jamás.

Por qué nunca fue posible
verla con algo de menos
o con todo de menos

Dios
nuestros callejones deparaban cualquier cosa
pero nunca un striptease semejante.

Nuestras oraciones
iban muy en serio
y muchas de ellas tenían este conmovedor final:
... y por todo esto Señor,
permítenos ve a esa amazona
en un antipatriótico desnudo, así sea...

Valga decir
que esta aburrida tribu de mirones
ya se ha cansado de esperar.

Y Dios
nos hacemos viejos
nuestros hábitos empeoran.

Pero aún nuestros ojos cuentan
con lo que ley nos niega
a toda costa.

Arabella Salaverry
(Costa Rica, 1946)

Escritora y actriz. Estudia Filología, Literatura Inglesa y norteamericana, Lengua y Literatura Hispanoamericana y Artes Dramáticas en México, Venezuela, Guatemala y en Costa Rica. Ha participado como actriz protagónica y de reparto en más de 40 montajes. Ha publicado: *Arborescencias*, (Programa Fomento a la Lectura de la Dirección de Cultura del Ministerio de Cultura, Juventud y Deportes, 1999); *Breviario del deseo esquivo* (Editorial Costa Rica 2006), *Continuidad del aire* (Editorial UCR, 2009); *Chicas Malas* (Editorial URUK, 2009). Su obra ha sido incluida en diversas antologías, en programas radiales. Ha ofrecido recitales en Costa Rica, México y Chile

Llueven pájaros
Azotan las ventanas

Pájaros que son ángeles agobiados

Llueven pájaros
los tejados repiquetean mientras los pájaros
golpean contra el claro de luna

llueven ángeles
que son pájaros
para hablarnos desde el grito infernal
de su caída

llueven pájaros
saetas
flechas malheridas
llueven pájaros
 habitantes desmesurados de las nubes

Estos pájaros que suelen ser ángeles
lloran este planeta que arderá
quemado por nuestro propio desatino

Estos ángeles que suelen ser pájaros
se llenan la garganta con arena
mientras escupen fuego

Sus palabras son entonces pedernales

que nos golpean desde la arremolinada soledad
de la ceguera

Sólo de palabras

Sólo en la palabra me alimento

Sólo en el destierro del silencio
ante las hojas vacías me redimo

Sólo de palabras

Para compartir con las exhaustas
las que habitan el país de la clausura
las que no saben cómo se deletrea
el término futuro

Sólo en la palabra la sílaba en la letra
en el esquema de vocablos

En la bofetada abierta a los silencios
Sólo en la palabra me restauro

Violenta piel (Inédito, 2007)

Chicas malas

Fuimos las chicas malas

Asustamos a los vecinos
escandalizamos a señoras
de misal y rosario

Siempre de negro
diluidas entre sombras
y desapareciendo en los espejos

Tomábamos cognac
en tardes clandestinas
mientras el jazz
nos cubría
escurriéndose luego
por los poros

Disfrutábamos la hierba
ocasionalmente
sin compulsiones
sobre todo cuando queríamos
abrir los ventanales del cielo
  y mirar infinitamente lo que hubiese

Hicimos de nuestros cuerpos
una fiesta

Cursamos invitación
en exclusiva

Nacimos despidiendo guerras
vivimos Vietnam
un acto obsceno
y en la piel
nos dolieron Hiroshima
y Nagasaki

Nos desvelamos con Sartre
mas fue Simone quien hilvanó

nuestra protesta

Consideramos a los Beatles
un tanto pueriles
era Piaff
quien nos alimentaba

Trenzamos flores
guirnaldas
pero fuimos suspicaces
con las exportaciones del Norte

Nunca pensamos
que seríamos reinas

Sí quisimos con el Che
ser compañeras

Compartimos cuerpo y alma
sin pedir nada a cambio

La vida ha sido nuestro manifiesto

Encendimos lámparas
para apagar la angustia
de estar vivas

Vivimos tan
pero tan intensamente
que ningún dolor nos fue
ni nos podrá ser jamás ajeno

Fuimos las chicas malas

Olíamos a incienso
  otras veces a menta fresca

Pero el olor
que perduró
fue el de la melancolía

Fuimos las chicas malas
y aunque no lo confiese abiertamente
por el qué dirán
        los hijos
los amigos sensatos
        el perro
los parientes
seguimos y seguiremos siendo
chicas malas

Chicas malas (URUK, 2009).

Guillermo Acuña González
(Costa Rica, 1969)

Es Sociólogo y se desempeña como académico en el Sistema de Información Estadística sobre las Migraciones en Mesoamérica (SIEMMES) coordinado por el Instituto de Estudios Sociales en Población (IDESPO) de la Universidad Nacional. Profesor investigador de FLACSO, Sede Académica Costa Rica, y docente de las principales universidades públicas del país.

Perteneció al taller de poesía activa Eunice Odio, durante la primera mitad de los años noventa. En el año 2008 publica su primer poemario *Programa de mano* bajo el sello Editorial Arboleda. En la actualidad prepara su segundo poemario titulado *En cuerda floja*. Ha participado en numerosos recitales y lecturas de poesía.

Cosa juzgada

Quien esté libre de pecado
haya oído cantar al gallo más de una vez y no darse
por enterado,

suponerse reconocido en su delirio ante las delicias
pequeñas
y prepararse para la huida

Tendrá, como corresponde,
derecho a un último deseo:

Será este el ritual de siempre,
Saberse vivo, recordarse en espera.

Estupor vocacional

¿Es demasiado tarde
para darse cuenta si es poeta o no?
¿serán acaso esas letras que salen directas como balas,
lo que hace al hombre?
¿Será demasiado niño para el amor?
¿Estará listo para el vértigo?

¿Sólo lo estará o lo imaginará?

Aplican restricciones

Alguien se enamorará tardíamente del poeta,
y le crecerán verrugas en el corazón
tratando de creerle.

Le parecerá haberlo amado,
haberlo confundido
haberlo dejado ir,

Luego, le parecerá que todo eso fue parte de otra historia.

Alguien mirará de lejos,
los versos que nunca le escribieron,
saltará al vacío,
arrullará la voz con el silencio,
el murmullo será proscrito….

Lo que no se atrevió a decir.

Alguien
seguirá comprando a plazos,
y al sacarlo del envoltorio
se dará cuenta que su *affaire* también tuvo garantía.

Nidia Marina González Vásquez
(Costa Rica, 1964)

Licenciada en Artes Plásticas con énfasis en Pintura, trabaja como docente en la Universidad de Costa Rica. Desde temprana edad participó en numerosos talleres literarios. Tiene publicado el poemario *Cuando nace el grito* por el Instituto del Libro del Ministerio de Cultura Juventud y Deportes, e inéditos varios poemarios. Es parte de las antologías *Antología de Poesía Ramonense* 1990, *Sostener la palabra 2007*, y *Mujeres poetas en el país de las nubes* México, 2008. Cuenta con una Mención honorífica del concurso nacional Lisímaco Chavarría, 2003 y otra en el concurso "La porte des poètes". París, Francia, el mismo año. Ha realizado 17 exposiciones de pintura.

Este cuerpo
que esconde y devora
que regala y multiplica
puedo asegurar que no viene de ninguna costilla
tiene huellas de ríos
y enormes cascadas lo alumbran.
No será ni fue nunca de segunda mano
tampoco vino atropelladamente de la simpleza
ni siquiera es lizo,
sino complicado
cóncavo y convexo,
se diría río y mar al mismo tiempo
no tiene paraíso
sino que muy dentro es dueño del edén
arquitectura posible
este cuerpo
esconde
enseña
se multiplica y ama
igual que el agua.

○●○

Prefiero
la luna y su zumbido de alas
el gesto tierno en la mejilla
la metáfora.
No soy un basurero de palabras
ni una mujer con agujeros en el alma.

Si estoy llena de lágrimas
es por las piedras
y por el verde corazón
que llevo puesto.

○●○

Florecer despacio y a puro olfato
convocando a los delfines
y a la loba que me enseña
trillos y bosques ancestrales.
Florecerme
atando al viento mi pelo
las manos, el cuerpo sin espejos
y la voz.
Encender la luz
en el velo oscuro
de mi propia sombra.

David Cruz
(San José, Costa Rica, 1982

Poeta, narrador, periodista y escritor publicitario. Ha publicado un libro de poesía: *Natación nocturna* que fue ganador del Premio Joven Creación 2004 de la Editorial Costa Rica (2005). Ha sido incluido en la antologías *Sostener la palabra: antología de poesía actual costarricense* (2007) y *Lunadas poéticas II poesía actual costarricense* (2006). Su poesía ha sido traducida parcialmente al portugués y al francés, además ha colaborado para diferentes revistas de Iberoamérica con poemas, relatos y reseñas. En el 2010 saldrá su segundo libro *Trasatlántico*.

El naufragio de Diego de Almagro

Todo punto de vista
      es un acercamiento
a la derrota.
      Hemos superado
los viajes
      y el único barco
en el que nos hundimos
      es el que transporta
la riqueza
      de estos días.

Intentamos
      guardar en libros
nuestros testimonios.
      Adulamos a la muerte
hasta que se cansó
      de buscarnos
en lo profundo
      de esta selva.

Todo
      está perdido.

Cada palabra que escribimos
      se está borrando
para siempre.

La pesadilla del hijo tejedor

(Tirada con el Tarot de Baldini, original de Andrea Mantegna, 1485*)*

    Cristoforo Colombo
te condenas
    ahorcando las esculturas
de bronce del verano.
    Pierdes la gloria picoteada
de los buitres.

Sordo es el mar
    y dolorosa la vida:

Almirante:
    mueres lentamente
con los navíos
    herrumbrados
en tus ojos.

La revancha de la reina Ana

(Tributo de Barbanegra a su reina
y a las mujeres de la vida fácil)

Como un imperio
    que insiste en gobernar
desde sus cenizas
    y se persigna
para invocar algún canto;
    así son ellas:
caminan depiladas
    para no herir al invierno.

Les gusta el juego.
        Tiran de las cartas
en un homenaje
       a los malos tiempos
donde el olvido y el hambre
       eran una enfermedad.

Ahora nadan sin rumbo.
        Aplauden.
Hacen alardes
       para ignorar a la muerte
que las mira soñando
       el imposible puerto,
donde huérfanas las tardes
       se bañan de olvido.

Henry López Padilla
(Costa Rica, 1959)

Fue miembro del Círculo de Escritores Costarricenses dirigido por Laureano Albán y Julieta Dobles en 1976. En 1977 llevó el Taller Literario impartido por el escritor salvadoreño Manlio Argueta en la Universidad de Costa Rica. Durante diecisiete años fue miembro activo del Taller Literario Francisco Zúñiga Díaz de Café Cultural del Instituto Nacional de Seguros, impartido por el propio Don "Chico" Zúñiga. Actualmente es instructor del Taller Literario de AGECO, para personas mayores de 50 años. En 1989 publicó su primer libro *Con grito en cada mano*. Hace once años dirige el Taller Literario "Don Chico". En el año 2001 publica su segundo poemario *Perdón por el silencio*, y en el 2002 reimprimió su primer libro. En el año 2007 publicó el poemario *Poemas Urgentes*.

I

Ya van a ser las cuatro
y tienes una cita con el doctor de la muerte.
No habrá soledad más grande que la tuya,
ni la estrella más lejana sintió todo tu frío.
Estás solo
entre el vientre y la pinza
que quiere destriparte,
y resulta pequeño el mar en que flotabas
y no existe un arrecife que te esconda,
tu madre duerme
y el doctor de la muerte te persigue.
Ya van a ser las cuatro y tú no entiendes.
Apenas viniste a morir.
Tu mundo oscuro y tibio
se agita de repente.

II

Estamos incomunicados
entre mensajes de texto,
celulares,
"imeils",
no hay un espacio virtual
para el abrazo,
el valor,
la franqueza
no se leen en los ojos,
solo las pantallas
pequeñas

y de plasma.
Es fácil decir
"ya no te quiero"
o "nunca te quise"
pulsando las teclas
mas precisas,
no tartamudearán las letras
ante el roto corazón
que solo lee.
No hay tiempo de reclamo,
el amor está
fuera del área de cobertura.

III

¿Quién defenderá a las víctimas de la justicia?
A los hombres,
a los pueblos
que nunca se encontrarán con el indulto,
condenados al hambre
a la muerte
o a la tortura de por vida,
condenados al frío
por el error
o el odio
de los hombres.
¿Quién condenará a los jueces?
¿Cuál justicia alcanzará a los poderosos?

Marco Aguilar
[Turrialba, Cartago, Costa Rica, 1944]

Junto a Jorge Debravo y Laureano Albán, fue cofundador del "Círculo de Poetas Turrialbeños" en 1959, con lo que se convierte en heredero directo y sobreviviente de aquel movimiento literario de los años sesenta. De origen humilde, estudió en el colegio local donde conoció a los otros jóvenes que tiempo después formaron el Circulo. Sus trabajos han sido publicados en varias revistas nacionales y la Revista de la Unión Panamericana (1965) publicó algunos de sus poemas en portugués e inglés. Aunque actualmente labora como técnico en electrónica, reparando radios y televisores en el humilde taller de su casa, ha hecho trabajos de periodismo cultural y es miembro de la Asosiación de Autores de Costa Rica. El 28 de enero del 2006, la Municipalidad de Turrialba, la Federación de Colonias Turrialbeñas, el Taller Literario Don Chico y Lean, le organizaron un homenaje para reconocer su discreta pero intensa trayectoria. Su estilo directo y claro, con formas clásicas y posmodernas, expresa los vaivenes y luchas de su pueblo. Aun radica silenciosamente en Turrialba.

Ha publicado: *Raigambres* (Biblioteca Líneas Grises, 1961), *Cantos para la semana* (Biblioteca Líneas Grises, 1962), *Emboscada del tiempo* (Imprenta Tormo, 1984), *Emboscada del tiempo* (2da Edición. Editorial Zúñiga y Cabal, San José, 1988) y *Tránsito del sol* (Ediciones Zúñiga y Cabal, San José, C.R., 1996).

La muerta

Llegué con la noticia, pero no me creyeron
Llegué para contarles. Me cerraron la puerta
Grité por la ventana
y entonces comprendieron.
Pero ya estaba muerta.

El padre como un toro crujió la dentadura,
Y preguntó a la Virgen que estaba en la repisa
Que dónde iba a meterse toda aquella amargura.

Pero ya no había prisa.

La madre era como una vaca desposeída
Bramando bajo el cielo su amor despedazado.
Estaba bien herida.

Los demás comentaban la furiosa reyerta
Que derribó a cuchillo el pecho levantado
De Teresa, la muerta.

Paz

Necesito decir con voz enorme
Que basta ya de patrias fusiladas
Y sangres escapando, coloradas.
Necesito un soneto que se forme.

Con el grito del hombre disconforme
De comer pan de guerra, a dentelladas.
Del olor de las sienes reventadas
Por el temor de la guerra, al uniforme.

Necesito un soneto que desgarre
Y a la paz inocente nos amarre.
Que muestre a los guerreros asesinos

Su propia voz azul, calenturienta.
Que recuerden que aún el sol calienta,
Que la guerra es un cáncer de intestinos.

Ovillejo

Yo solo puedo ofrecerte
Mi muerte,
Con un dinero malo,
De palo.
Tiene puesta en cada esquina
Una espina.

Tómalo, pues, asesina,
De mi amor crucificado,
Pues todo lo que me has dado
Es muerte, palo y espina.

Melvin Aguilar
(San José, Costa Rica, 1966)

En 1987 ingresa a la Facultad de Ciencias Sociales de la Universidad de Costa Rica donde cursa la carrera de sociología. En 1988 funda junto a los poetas Sergio Barbosa y Claudio Sánchez el Anti-Taller-Anti. En 1992 participa junto a David Maradiaga, Alejandra Castro, Patrick Cotter, Meritxel Serrano, Mauricio Molina Delgado, Claudio Sánchez, Diego Montero, Juan Carlos Murillo e Isaac Rojas en la fundación del Colectivo Octubre Alfil 4. En 1994 participa del Colectivo Voz Urbana.

Ha publicado el libro *Territorios Habituales* (Editorial Arboleda, 2006); una colección de 33 poemas entre los que se encuentran "Postulación", "El pincelero, la arena y el toro" y "Anticanto". A inicios de la década del 90 publicó en el Anuario de Arte Costarricense, *4 Sofismas para un Cangrejo*, un trabajo experimental a dos voces. Algunos de sus trabajos han sido publicados en distintas revistas nacionales e internacionales. Poemas de su autoría aparecen en la revista *Los Amigos de lo Ajeno*, en la antología de poesía contemporánea costarricense *Sostener la Palabra* (Editorial Arboleda,) y en la antología *Noches de poesía en El Farolito* (Editorial Perro Azul).

Los muertos de esta historia

Los muertos de esta historia, no saben que están muertos.

 No saben y salen de madrugada
            —cada día—
con su pan bajo el sombrero
sonriéndole sin prejuicio a las muchachas
por antiguos callizos
sentándose complacidos en mesas hartas de flores,
mientras comen mandarinas.

Ellos, sin apuro, desvirgan pacientes petunias y azahares
frente al cambio-luz de los semáforos.

Arrean sus versos como ovejas
            —por los mercados—
visitan hospitales y sarcófagos
en busca de juglares infectos
y apagan manzanilla por las tardes
en los primeros días del verano.

No saben que están muertos, los muertos de esta historia.

No lo saben y hacen amigos entre bandidos
citan a Kant en las iglesias
y ensayan sus muecas de angustia
            —frente a señoras y señores—

Visten púrpura en recitales y banquetes
fuman opio importado tras bambalinas
y dan puntualmente
su diezmo de imprenta , al "imprentero"
     —dan apretones de mano y abrazos—
sonríen y se endeudan los muertos de esta historia
     que no saben que están muertos.

Un doble-tango para Justina

La sombra de Justina es algo complicada
algo no-sombra, si se requiere,
apunta hacia los árboles
en invierno
y palidece junto a las veraneras.

Es casi un pájaro invernal
    la sombra de Justina.

Y sin embargo su aroma es cálido,
arenoso,
como de oasis.

De noviembre a octubre
la sombra de Justina
    se "adolecenta"
suele enroscarse
en las raíces grandes del bosque
poco más o menos
como un animal
que huye de su soledad,

y desmaya,

en el *medio-día* de las margaritas
cabeceando junto a las dormilonas.

Ella es larga *como el hambre*
pero lúcida,
pese a su fama de caja-pino.

Las caja-pino siempre remedan
el olor de las raíces del bosque
y el bosque aunque bosque
extraña a sus margaritas,
pero éstas duermen
bajo la sombra de Justina.

Justina sueña con las veraneras
las veraneras saben de la soledad de Justina,
la sombra de Justina
                    es algo complicada.

Y en invierno es pálida,
como Justina.

Justina es casi un pájaro invernal
que huye de su soledad.

Repasos de un niño erudito

Pensando en D.M. C.

La soledad es una piedra atravesada en la garganta
El exilio es una larga avenida por donde solo transita la tristeza
Fernando Ugarte

Se me antoja
el niño color de horchata,
sus danzas de Cocibolca, sus licores,
su diaria porción de odio
      —que con brutal eficacia—
encaminaba al vacío

      —hacia nosotros, sus falsos semejantes—
Ah
la ojeriza
afablemente amamantada
en arrias madrugadas de luminoso oprobio,
sin inquietud nutrida a la sombra
del aparente encantamiento
de sus fraternos pasmados.

Ah
el puñal y la serpiente
el verso y sus miserias.

El niño de otras urbes, en otra urbe
evocando a la mujer del lago.
    —Él, sus repasos—
Managua "desboronándose"
en sus legendarias pupilas sabedoras de infierno.

El niño erudito
afilando la despatriada alegría
de su vieja ciudad de crucigramas
mercando pescado fresco en San Miguel Central,
y amores en la Conga Roja.

El ilustre niño

visitador del Pez que Fuma
rechiflando bajito sus pesares
en la esquina de los coyotes,
o mediándose una media en el Foker
para charlar con los poetas del Cachecho
sobre el voceo de las fieras
y los trueques de la Caimana.

Ah
el puñal y la serpiente
el verso, sus miserias
      —la memoria y sus venenos—

Alejandro Cordero
(San José, Costa Rica, 1983)

Participó en el "Tercer Encuentro de Escritores Centroamericanos Pablo Antonio Cuadra In Memoriam" realizado en la ciudad de Managua, Nicaragua en marzo del 2002, en el IV Encuentro de poetas Centroamericanos realizado en El Salvador en el 2003, en el I Festival Internacional de Poesía de Granada, Nicaragua, en el 2005, en el V Festival Internacional de Poesía de El Salvador, en el 2006. Fue miembro fundador del Grupo Literario "Libertad Bajo palabra". Ha publicado *Habitación del Olvido* (Ediciones Andrómeda 2003).

Carta abierta

necesito hoy tu resurrección,
tu liberación
tu revolución.
Charly García

Mis amigos llevan poco
Lo inútil que cargan los que se marchan
Venden al mejor postor su biblioteca
y esto no es como ofrecer los muebles
la colección de botellas o el desfile de botones
Van lejos:
a un monasterio budista
a un bosque austral
al codo del diablo
Se lanzan siguiendo el paracaídas de Altazor
se cuelgan en las fotografías lejanas
caen de un auto o de la portada del diario
Algunos se van antes de que amanezca
para que el sol no cubra su equipaje y su olvido
Otros
con el último alarido de la tarde y sus entrañas
apenas difuminan
Veo partir a mis amigos
de paso en paso
de uno en uno
Y nunca encuentro
la estampilla que acaba por sellar
mi despedida.

Müge

Hemos esperado durante un milenio
Por primera vez estamos juntos en un poema.
Ilham Berk

La ciudad de Izmir
me observa desde el Mar Egeo
a ocho horas de mi reloj de arena

Un lirio de los valles florece en el puerto
y en su huella susurran las antiguas naves

En esta orilla con cada ola
intento descifrar su espuma

Sé que los mapas no nos favorecen

Pero el mundo en tu aroma es tan pequeño
que se abraza a mi cuerpo
cuando sueño tu nombre.

Derecho de respuesta

Sé que para la buena salud del poema
es mejor imaginarte
Hacer florecer tu cabello como las rosas de Huidobro
Construir con ritmo cadencias vocales y consonantes
los sonidos de tu cama
Diluir los gemidos
y abusar de algunas licencias literarias
Sé que es mejor para el lector un caligrama de tus
muslos

los puntos suspensivos en tus pezones
o el escalofrío de tinta en la punta de los dedos
Entiendo además
debería usar alguna imagen
que remita a los humedales del bosque
y al susurro de los grillos en tu espalda
Pero a esta hora amor
opto por no insinuar
Elijo tu sexo preciso
mis manos en tus nalgas
tus besos a ciegas
Prefiero el chillante sonido de colchón
los resortes en la espalda
a un poema erótico saludable
y de papel.

Luis Enrique Arce Navarro
SAN ISIDRO DE EL GENERAL, COSTA RICA, 1952

Estudia en la Universidad Nacional, título de Educador en nivel de Diplomado (1974). Labora en el Magisterio Nacional hasta su pensión en el año 2001. En la Sede Universitaria UNA de Pérez Zeledón, se gradúa de Bachiller en Educación (I y II Ciclos) con énfasis en Matemática. Cursa la Licenciatura en Administración de la Educación en la Universidad Estatal a Distancia. Fue Profesor Universitario en la Sede Brunca de la Universidad Nacional y Asesor Supervisor de Circuito en la Dirección Regional de Educación de Pérez Zeledón.

Ha publicado: *El lupanar* (Novela, 1986, URUK Editores 2008, sello ATABAL). *Entonces pasa un sol* (Literatura Infantil, ECR. 1995, 2005). *Cantos a la eternidad del mar* (Poesía, Ediciones Tríptico, 1996). *Esos primeros años* (Literatura testimonial, EUNA, 1997). *Alguien mató a Tijerino*

(Cuento, Imprenta y Litografía Morales, 1997). *La casa y todo* (Poesía, Imprenta y Litografía San Isidro, 1999). *Semblanza de un maestro rural* (Ensayo, Imprenta y Litografía Americana, 2000) *Frente al tiempo* (Prosa autobiográfica, Imprenta y Litografía Morales, 2002, EUNED, 2005) *Caperucita Ligia se fue por la mar* (Literatura Infantil. Novela, EUNED, 2003). *Tránsito de ausentes* (Poesía, LEAN Y Editores, 2004). *Pérez Zeledón* (Ensayo histórico, LEAN y Editores, febrero 2006), *Testimonios* (Prosa poética, LEAN y Editores 2006), *Biografía de un hombre benemérito, don Pedro Pérez Zeledón.* (Editorial Atabal, 2008). *La quema de la alcaldía* (Novela, LEAN y Editores, 2009).

Los indios encantados

*..., dormitan en el secreto de la tierra
hasta que a una de ellas se le ocurre despertar.*
Antoine de Saint Exupery, *El Principito*

Los indios encantados de Chánguena saben cómo es el río Grande de Térraba.

Juegan y bailan con máscaras hechas de alegría y colores brillantes. Pero nadie los ve, apenas los imaginamos cuando sobre el agua del río Chánguena bajan silbos y cantos de indios sumergidos en un lugar de sueños. Se encantaron por su propia cuenta, o sea que nadie ajeno actuó a favor del hechizo. Son como las semillas que dice "El Principito": *las semillas son invisibles, dormitan en el secreto de la tierra hasta que a una de ellas se le ocurre despertar.*[1]

En el río está la sustancia que bebieron...hay agua en una poza que nunca vamos a saber dónde está... Agua que embriaga y los chánguenas bebieron sin cesar hasta el último sorbo, como si hubiese sido necesario que la poza y el agua fuesen a parar al estómago y la sangre de cada uno.

Se conoce del encanto, de la razón encantadora, de una flor azul que habita en la sangre de estos indios que viven mejor que los borucas de burucaca, que los guaimíes y los bribris talamancas de acá.

Nadie los ve, ni se los maltrata; son indios de aquí donde el Gran Sibú vigila sin acabarse, *al oeste de Dios.*

Con el mar cantando

1.

Era un mar que siempre veo dentro de mis ojos,
mar en mis espacios hondos.
El cielo baja y la espuma es mía en la noche oscura:
Astro mar de agua que nunca deja de moverse arriba,
rodando en sueños, en vientos mar-cosmos de alegría.
 Toco debajo del cielo y salto —con él hecho— burbujas.
Y abro la estructura de sus ballenas y peces,
de sus corales y de aquellas tortugas antiguas
que fueron hermanas de la arena y de la sal.
Agua que siempre fue en mí pezones agudos de tierra-sal.
Agua suelta en puñados abiertos sin espinas.
 Soy marinero de una muerte cósmica que no se hunde:
barco en burbujas.

2.

¡Qué le cuesta al mar echarme un vistazo!
Mar de todos los tiempos,
restriégame en la arena
para bajar al limbo de tu calavera.
¿Por qué te derrites ebrio
como un sol desollado y negro y poco me arribas
con la zarpa del monstruo que mantienes?
Voy y vengo y me sueltas tu grito plañidero,
tus ansias que son desvelo.
¡Oh viejo azul de siempre!,
carcelero inocente de los barcos,
prisionero perpetuo de mis ojos.

Ya no eres rosa, tampoco fuego ni luces…
Entonces, ¿qué eres? ¿Acaso un pez luminoso que se va… y se va…?
De verdad amo al mar.
Con él me alejo y subo por sus aleteantes aguas.
Aquí mi alma está tranquila y pesa menos que una espiga.
Sí, amo su fondo de espejos,
donde escucho a Ulises consolarme con sus gritos:
¡Ítaca!... ¡Ítaca!... ¡Ítaca!
Bocas del mar cantando.
¿Qué cantan las bocas del mar?
¿Por qué cruza un torrente de corazones
que intenta dibujarse en ángeles azules?
Debo buscarme los ojos: aquí son inmensas mis penas.
Aguas del mar por la cuesta del mundo,
espumas y cangrejos atropellan las orillas.
Es cuando el agua se recoge en sus ruedos
y de verdad muero dentro mis ojos.

Elliette Ramírez Alvarado
(Costa Rica, 1939)

Ha publicado *Nostalgia* (1996), *Simetría del silencio* (1998), *Hoguera Infinita* (2006). Tiene en imprenta: *Canciones para acariciar tu piel* (Panamá 2010), *Balada para amantes sin rostro* 2010 y *Fragmentos* (Cuento). Ha sido incluida en diversas Antologías de Poesía: *El amor en la poesía costarricense 2000* Alfonso Chase 2000, *100 años de poesía amorosa* (Tertulia del Bosque-Monteverde Costa Rica), *Pícaras, Místicas y Rebeldes* (8 Siglos Poesía Pícara México . D.F. 2005), *Latido Generacional Antología del Círculo de Escritores Costarricenses 1990-2000,* Catálogo y Libro de arte: *La erótika* (2006) 100 autores 21 Siglos de Poesía Erótika México D.F.

Recopilación: Leopoldo Ayala e Iván LeRoy en Poética, un C.D, de: Editus y Haydeé de Lev 2002 "donde los versos tienen voz y la música tiene poesía" en La Nueva Biblioteca de Alejandría, en Egipto.

Arte poética

Nacer de fragmentos interminables.
Enfrascar la conciencia en un latido.
Caminar capturada en el discurso del tiempo.
Llorar o reír,
no importa.

Si acumulo en el espejo
las gemas del momento.
La expresión infinita,
la tenacidad,
la magia al reinventarme.
Dueña de mí,
en audacias de sol y luna,
fuego,
viento y mar.

Amando la formación del universo,
las diversas estaciones
de la vida y el amor,
con mi canto
humanamente de arcilla.

Poema 2

La promesa
igual que un río
sin cauce
nos recorre.

Poema 3

¿Por qué astillé el aire
y profané sus oquedades?

¿Por qué rompí los espejos?
(Para no escuchar su perdón)

¡Oh tránsito violado
de sueños y esperanzas!

¿Por qué subsiste esta llaga
y cabalga sin razón los laberintos?

¿Hasta cuándo serán crueles
los insomnios
enclaustrando esta rara conciencia?

Sí abrí la puerta,
sí le obligué a que se fuera
y otras tantas veces
le retomé impúdico en mis arterias.

Y en mi desvarío
se tornaron mis afanes en poesía.

¡Oh secreta voz!
¡Oh invisible criatura!

En el inicio, la reacción
del amor y el dolor
visten,
el vertical desamor
que nos obliga.

Quítame la alianza carcelaria
(Destruye la visión del cuadro impreciso)

Déjame estirar mi cuerpo
sin extrañar su loca inquietud,
agitándome
como una espiral fragmentada.

Déjame volar mirando al cielo
y desvelar mi nostalgia en celo.

Déjame ahuecar la danza
y en su fantasía crujir
mistificando el fuego.

Déjame el valor
de no... regresar
cuando se muere el amor.

Simetría del silencio (1998)

Bernardo Corrales Briceño
(Alajuela, Costa Rica. 1980)

Poeta, activista ambiental y cultural. Obtuvo un segundo lugar de Poesía otorgado por Editorial Costa Rica y el INA para estudiantes en el 2001. Miembro cofundador del Taller La Merula del Mango, con el cual asiste al primer encuentro de talleres organizado por la revista Fronteras y el TEC de San Carlos. También participó del taller Libertad Bajo Palabra, con el que visita El Salvador en una gira de lecturas por varias ciudades. Sus poemas se han publicado en las revistas *Fronteras* y *Galería Semillas* y en el espacio literario La Frontera del Ocio, del *Semanario Universidad*. Antologado en *Lunada Poética, Poesía Costarricense Actual* Vol. II (2006) y *Sostener la palabra. Poesía Contemporánea Costarricense* (2007). Publicó *De tinta el altavoz* (Ediciones Arboleda 2008). Mantiene inédito otro poemario, algunos cuentos y ensayos ecologistas y políticos, algunos publicados en la red.

no rezo a este cascarón de magma

ni al raso
yunque
mochila
a su mordida anoche ya no quiero

no llevaré esa cruz
me voy oruga hacia el comino de la hoja
con los columpios
y las columpias
el bala hombre
ana arco
y ano el arca

no rezo como todos los bichitos

no diluvio nada que sostenga
ni al raso yunque
turbina
insignias
honores
medalla

○●○

Ecosaurios goriletis
regresan de donde nunca se marcharon

tarde de ladridos represivos vibraron en los semáforos
liberan los deshuesaderos lacrimógenos latidos
el demonio de las sillas pasa la factura de su circo
somos su tributo

amigo emigrante de la casa desaparecida
elefante en pradera de cemento muerto y rematado en fotografías
ecosaurios cibernetizados corren por las nuevas venas y corroen
elefantes continentales emputecidos
para nueva porno *Geografic*
amigo adicto a los delirios embolsados
envuelto para navidad muere dormido
oda falaz
masturbaciones con tarjetas gold
numero repetido en el sicocircus
ciclo de versiones oficiales desde el espacio
satélites del gran triunfo entretienen mi infancia en occidente
asesinan en oriente y dan vuelta
las magnífica redes ondas y señales

a su macroeconomía me encomiendo
donde mis amigos muertos fueron y
serán bellos
y su sangre clavada en las aceras con alta definición no huele mal
más bellos los nombro
goriletis ecosarios regresan de donde nunca los fueron
porque el confort nos basta y nos sorda

Comparsas
Será más naufragio que antes
Abismos guarecemos
No mundo   Al vacío
Como el piso se pandea
No amor
Pornocirco de turistas
No montañas
Triturados todos
No árbol
Prohibido el paso

Pozos de agua hacen hoyo en uno
No palabras
orillas
No tierra no Juan

Comparsas moscas encapuchadas
Estampidas de insectos fumigados y tiempo

No colmillos
intolerancia
Mucho miedo
No disparen
Desalambrar humanos
No disparen
No vendo
No me lo queme
No compito
mundo
Por cuanto se calla el pellejo
Zumbidos de rostros encapuchados para ser visto
No gente
No existimos

Triturados todos
No libro no árbol no niño
Desalambrar amor
No califica

No pare de comprar
de venderse

Francisco Rodríguez
(San Carlos, Costa Rica, 1956).

Sociólogo. Fue profesor en la Universidad de Costa Rica (1979-1985). Desde 1986 se desempeña como docente e investigador en la Sede San Carlos del Instituto Tecnológico de Costa Rica. En su especialidad académica ha publicado, entre otras, las obras *Región, Identidad y Cultura* (2001); *La Naturaleza Caída* (2002); *El Difícil Equilibrio* (2002) y *Actividades antrópicas y la entropía del medio ambiente* (2005). Al ámbito estrictamente literario pertenecen *Sobrevivencia del Agua* (1996); *Tardes de Domingo* (2003); *El Ángel de la Salmuera* (2003); *Fauces* (2006), *El Sopor de la Canícula* (2007); *La Penúltima Estación* (2008) y *Serpigo* (2009). Tiene inédita una novela (*El ángel que no sonreía*) y trabaja actualmente en dos libros: *La Pasión del Asco* y *Devastación*. También ha publicado numerosos ensayos en revistas nacionales y extranjeras.

En la mirada disuelta
           gravita
la ofrenda sin Dios.

La hojarasca
dispersa en el fondo
del estanque
bautiza y condena.

En andenes vacíos
esperamos la desolación.

(1988)

○●○

Las últimas hojas
no logran salvarme del olvido.

En silencio imploran
la piedad que no vendrá.

El viento las agita.
No serán ya la ruina
           de ningún sueño.
(1990)

○●○

Mis ojos
son un desierto:
ven
la ceremonia
del nacimiento
y la huida.

(1991)

La lluvia
           alumbra
una lágrima.

La piedra tiene
           al regresar
la noche
        el sabor ajado
de tu ausencia

(1990)

El estanque
aguarda
el milagro
de la piedra
        y tus ojos.

(1991)

Los niños
        muertos
cortejan
        el olvido.
Su deseo
        es rocío
de una noche
transparente.

El diluvio,
un cristal
perfecto.

(1995)

Ciudad solitaria

La ciudad que has amado
te persigue
aspira el musgo de las ruinas
llora a los dioses idos.

La ciudad que has amado
esconde con pena
las heridas del tiempo

recuerda a los hombres,
sus muertes.

(1995)

William Pérez Porras
(San José; Costa Rica, 1987.

Pertenece al Taller Literario Miércoles de Poesía del ITCR, al cual asiste desde el año 2006. Su trabajo literario se centra en la poesía y en el ensayo. Posee un poemario publicado, *Resonancia Magnética* (Editorial Arboleda, 2008). Ha participado en encuentros y festivales de poesía a nivel nacional e internacional y ha realizado giras con el taller a República Dominicana, Nicaragua y Guatemala.

Propieda intelectual

Todo lo que escribo
me pertenece

estoy protegido
contra el plagio
y hurto de mis letras

pero
ahora que pienso en vos
es mejor que te dejés
todas esas palabras

me conformo
con que me hayás dejado solo
deletreando un blues
en las paredes
de un vaso con whiskey.

Unconfortable Numb

Dedicado a Roger Waters

Hoy estoy vencido como si supiese la verdad,
lúcido como si estuviese listo para morir...
Seré siempre el que aguardó que le abrieran la puerta frente
a un muro que no tenía puerta...
      Fernando Pessoa, *Tabaquería.*

no vengo a decirte si fue Gilmour el que la cagó
mucho menos que todo se ha calmado desde que se
            [derritió la fragua entre los brazos de ladrillo
solo estoy aquí
saboreando los clavos de la desnudez
buscando qué malas hierbas pueden quedar
                        [entre los escombros

(no importa quién dio el primer martillazo
qué entrañas gritaban *Hammer Hammer!*
no importa
ni siquiera qué putas significaba su marcha
                  [sincronizada sobre el lomo de
perros callejeros
o su sombra proyectada sobre nosotros como película

[muda
no importa)
vengo a sentir tus letras clavadas en los dedos
a escurrir los pasos hasta que se hagan arena
estancarme en un continuo abrazo a mí mismo
cambiar en tiempos infinitesimales los canales que
                  [transmito a la hora del silencio

porque solo tengo necesidad de hacerme eco

eco de las horas pico   y los carros que me
                        [transitan entre las sienes

eco de los discos de siempre
                  sonando una y otra vez
                  para no sentir el pichazo que dan
            [los rostros desconocidos cuando
                  [reconocen en uno la soledad

eco de papeles amarillos con toda clase de poemas
        todos para decir con los peores
                [lugares comunes
    un te amo
    un no te vayás   a las 3:00 a.m

eco de la única chica
        con quien los bares nunca
            [supieron tan bien
      la que nos hizo estar lo más
          [cerca posible del rock

eco de los laberintos que hacemos con los temores
para perdernos y jamás encontrarnos de nuevo

      sedarnos la conciencia
        y que los túneles piensen por nosotros
la forma en cómo nos derrumbamos   con el más
            [justo de los juicios

eco de una infancia que no tiene la culpa
y una madurez que no deja ver atrás

eco de los padres muertos
    los trenes que no soportaron el peso de la sangre
     por culpa de las águilas que estallaban en el cielo

eco de las tablas del piso
    y las grietas en que siempre caíamos por inercia
     justo antes de darnos cuenta que existía la física

eco de las píldoras
de la inevitable esquizofrenia durante

                              la masturbación
y la cruda bipolaridad después

eco de las efigies que nos construimos y deconstruimos
                              por dentro y por fuera

eco eco eco eco eco   Eco   ECo   ECO

        ya no hay miedo a la grandeza de las palabras

eco rebotando un nuevo idioma bajo la lengua
de quien patea la cara con sus verdades hasta que se
                              [abran los ojos
del dulce revólver que nos estalla la ignorancia
de los micrófonos para oír la propia voz

ecos que multiplican la poesía   acompañados de
                              [una armónica de fondo

ecos en verso y en prosa para decirte
        que duele más estar afuera que adentro

porque de nada vale hacernos resonar si nos
                [hubiéramos topado con un final feliz
si nunca hubiéramos caminado un poco más allá de
                              [este desierto
                para dar con un nuevo muro

Macarena Barahona
(Madrid, España 1957)

Poeta, articulista, ensayista y educadora. Cursó estudios de filología y sociología en la Universidad de Costa Rica donde trabaja como docente e investigadora. Ha publicado: *Contraatacando* (1980); *Resistencia* (1990) y *Atlántico*. Su Tesis doctoral *Las luchas sufragistas de las mujeres en Costa Rica 1890-1949*, Universidad Complutense de Madrid, fue publicada por la editorial de Universidad de Costa Rica. En el 2000 la producción del documental *Las Mujeres del 48* le valió el premio Ángela Acuña Braum y el premio del mejor documental en la Muestra de Cine y Video Costarricense.

1

Porque la noche está lejos
y sola
porque me puedo alejar de mí
y ser igual
un ala que estalla
una fuerza de mar
porque la noche está lejos
recuerdo
el calor de medianoche
y la vergüenza.

Porque la noche esta sola
puedo ser igual al río que he soñado
sin cauce y desbordándose
el cúmulo de restos y recuerdos
que se mueven en la sangre
y que el sexo invente
puedo ser
lo que he sido:
estaciones diversa
de un solo clima
el calor pegajoso en el invierno
o la nieve que cae sin ser vista
la montaña seca inexpugnable
la selva sin hombre
y la ciudad.

○●○

resuenan los besos en el aire
un viento de caricias trae al respirar
el horizonte de un terrible amor

hiere el oxigeno
atraviesa piel y pupilas memoria
baten furioso abrazos por doquier
huyo
tiemblo
sordamente se desploman vestiduras y palabras
tensiones lechos barandas y cercas
caen arrasadas mis propiedades

tifón del deseo

lidia el viento
en el aleteo azul de un colibrí
que reposa hermoso
anidado en mi seno

a la espera

inmigrante de su boca
del destino
de la furia del aire que posee
me refugio
tensa ene. Viento
mi alma nómada
casi viuda

de él

○●○

quisiera el corazón ojo del volcán
apresado hirviente
ocelote puma
ala de mariposa

empozado en la sombra del fuego
encalado para siempre en la química de lava
olor de azufre cortado en la noche
en el limite del haz de luna que vigila
el dormido volcan de mis deseos

quisiera el corazon rojo punzante
devorado en ritos de silencio
porque yo sin él que cosa sería
qué aire vacío
qué ritmo desolado
quijongo del lamento
allá ensordecido
agreste penumbra

yo sin él
un naufragio
de abrazo
joyero de los ritos
cantera de mi alma
en ojos de amor cosidos a la piel
de los amantes

Leonardo Villegas Gómez
(San José, Costa Rica, 1970)

Es Web master en Truman Group Holdings y profesor catedrático de arte y diseño en la Universidad Continental de las Ciencias y las Artes, UCCART donde actualmente ocupa el cargo de Rector. Tiene una Maestría en Docencia Universitaria de la Universidad Continental de las Ciencia y las Artes (UCCART). Realizó estudios de Filosofía Universidad de Costa Rica. Es Bachiller Universitario en Bellas Artes: Universidad Autónoma de Centroamérica con la especialidad en Escultura.

Es Bachiller en Artes Plásticas: por el Conservatorio de Castella con énfasis en escultura. Ha publicado: *Manual introductorio para la construcción de un sitio web educativo* (2004). Editorial de la Universidad Continental de las Ciencias y las Artes. En poesía *Albatros*, Editorial Arboleda. Textos suyos han sido publicados en diversos periódicos, revistas y catálogos.

La puerta

Todos tenemos una puerta lejana,
un dolmen que desdobla
y te cuelga en abanico

Todos responden con ese marco de piedra
torturado en el espacio con tus manos.
Parado en el filo de las cosas,
con su roseta,
y los grafitis de todas sus cavernas.

La puerta es también madera que se pudre,
y destila columne el esqueleto
Traspasa las astillas, las betas,
el duramen de carne que te cruza
Mujer que se amarra perpetua a este umbral de abrazos.
Te desdobla también ancestralmente
himen de tiempo,
yo te reconozco en ese bloque
en ese cajón entre dos espacios.

Ahora una tecla nos divide
Y te encuentro,
desde tus nuevos vínculos humanos.

Ahora me enfrentas con esta pantalla de carbono y celuloide.

Eres la misma puerta de todos los tiempos.
el passsword, el dolmen,

el marco que separa tus compartimentos íntimos.
Vigilante arco de las cosas.
Preñada sigues en gesta.
con el plasma,
y los cables de sangre de tantos hombres.

Árbol lapidario

Cavé ventanas en mi tumba.
Un hoyo de manos,
un terco rumbo de esqueletos.
Donde hundí todo;
mi casa,
mis hijos,
mi mujer.
Y entre agujeros.
también,
vi su vértebra de árbol,
sus hoyos,
sus racimos hermanos,
su madre de hojas.
Ya no serás un simple hueco de tierra.

Di vuelta al sitio
donde encontré al fin
un árbol lapidario.
Mi piel es un infinito ventanal de tierra.
manijas nocturnas, soñadoras,
hablándome
como un portulano antiguo;
señalado por líneas,
por estrellas y derroteros.

Como el cuero queda el horizonte cama arriba
la mano saliente y el vaho visual
en medio de tus piernas.
En el sitio exacto
donde cavé la tumba.

○●○

Pintaré musulmanes en el vientre
y sogas de velos en tu pueblo bengala.
Seguiré reflejo arriba en la cintura
tus chacras, tu hindú, tu camino,
la estela luminosa del Bodishava.

Amarraré tus hilos a mi cuerpo,
la luna de arena,
y a tus manos, tu párpado de cera.
Prenderé mandalas perfectos
buscaré tu río
lejano río de vientres
y llamaré madre a la tortuga
al viento salado y marino,
madre a la seda,
a los pies, a las manos
y aunque exóticos,
también a los desiertos.

Pintaré musulmanes en mi vientre.
Prenderé bengalas en mi vientre
y quizá resistan tus ojos
la seda eterna de tu vientre.

Carlos Clará
(San Salvador, El Salvador, 1974)

Poeta y editor. Director de Índole editores. Fundador de los talleres literarios El cuervo y Tayahually. Ha publicado *Montaje invernal* en coautoría con Danilo Villalta (1999) y aparece en antologías de poetas jóvenes en Centroamérica y España, así como en revistas de la región centroamericana y Suramérica. Fue editor de la Dirección de Publicaciones e Impresos del Consejo Nacional para la Cultura y el Arte (CONACULTURA) y miembro del consejo editorial de la revista *Cultural*. Actualmente pertenece a la Fundación Claribel Alegría, Fundación Clic (Arte nuevas tecnologías), Fundación cultural Alkimia y participa en el colectivo Maniobra.

Sara

Sara   oscura   meridional
escasa   inmóvil   piel
la muerte entre las manos
                del último deseo
                la luz en la madrugada
                en un cuarto   lejano

Sara el miedo
la rabia de la raíz que revienta las aceras
el temblor de las hojas en el viento
el ojo de un espíritu ligeramente amarillo

Sara el frío
el pecado abierto en la oscuridad
la voz a medianoche desde un teléfono público
y las letras desteñidas en el disco de acetato

Sara esparcida en el polvo
Sara la foto escondida
Sara mala intención   omitir direcciones   faroles rotos
Sara diluvio   Sara sed
Sara amargo sorbo en el bar solitario

Sara los sitios del alma
Sara ojos que el tiempo duerme
Sara madre hijo uno

oscura   meridional
la soledad   el último deseo
de llamar

y llamar
y llamar
y llamar a la muerte
con nombres equivocados

Sara

Fotografía de dos

mira de reojo
su nombre se extingue en la brasa del tabaco
blanco humo de iglesias

la mejilla roza la espina escondida

observa los techos como los gatos
se ríe a medias de los balcones abandonados
se ve en el reflejo del café
con la mirada furtiva de los pájaros en los ventanales

el vidrio viejo y empañado
no deja de ser invisible ojo de mujer
se da cuenta de que alguien falta en las calles
la ciudad amarilla que la traiciona   florece
y toca los ecos del abandono

hechizada por el sepia de una foto antigua
una figura intermitente aparece en las vitrinas
sólo se rearma en los destellos entre la gente
caudalosa como los años   pasa y desaparece

todas las esquinas son iguales cuando se espera

el último sorbo de tabaco
se consume en el rojo vivo de los labios que ya no besan
de las escalinatas cruje la madera
de los alambrados y terrazas huyen los pájaros
ella siente en la espalda   la respiración   tibia como la sangre

la vida pasa furtiva y se ve en los ventanales

ahora los nombres ya no importan

la ciudad
no es más
que un corazón herido

séptima revelación del no retorno

no debiste regresar
al menos no con el aroma de esa vieja tarde de años intacta
la plena ferocidad de la mejor juventud
o triste el pecho caudaloso que imaginé escarchado

no debiste volver
ni poner un pie en el invierno
ni dejar reposar el silencio de los labios en los labios
ni permitir así la misma mirada de aquellas horas

no tenías que abrir esa puerta y aparecer como un luminoso árbol de niños
no debiste nombrarme apenas

no debí olvidarte sólo con las manos

no debiste entrar a esta casa secreta que se muere desde las hojas
no tenías que arrasar con tu voz la correspondencia de libros y tormentas

no debiste regresar
no debiste volver

no debí mirarte a los ojos
…y entrar

Carlos Alfredo Calero Rojas
(Monimbó, Nicaragua, 1953)

Actualmente reside en Costa Rica. Ha publicado cinco libros de poesía: *El humano oficio* (2000, Centro Nicaragüense de Escritores), *La costumbre del reflejo* (2006, Editorial Andrómeda, San José, Costa Rica), *Paradojas de la mandíbula* (2007, Editorial Andrómeda, San José), *Arquitecturas de la sospecha* (2008, Editorial Andrómeda, San José), y *Cornisas del asombro* (Editorial 400 Elefantes, 2009, Managua). Ha participado en tres ocasiones en el Encuentro Internacional de Escritores, en Costa Rica, en 2006, 2007, 2008; cuatro Festivales Internacionales de Poesía, dos en Nicaragua y dos en Costa Rica, en el 2007 y 2008, respectivamente. Es Licenciado y Master en Ciencias de la Educación. Trabaja en el nivel universitario y educación media. Ha publicado ensayos de reflexión y relatos. Su obra se ha divulgado ampliamente en suplementos literarios de Nicaragua y revistas de diversas partes del mundo, como también en la red; forma parte de antologías poéticas de Costa Rica y Nicaragua. Trabajó durante el periodo de la Revolución en el Ministerio de Cultura de Nicaragua. Se le considera parte de la Generación de los Ochenta, en Nicaragua.

Mandarinas

Aroma anaranjado y viven. Aspiro la pasión y me provocan; aroma que disfruto en la cúspide de mi lengua con regusto insaciable, cuando hundo el dardo de saliva en la abertura azucarada. Su cuerpo redondo y femenino enamora premisas para encender el candelabro tropical de la noche con sabor a luna, desde la niñez y las ventanas. La pulpa del coito apetecible; jugosa y perfecta al morderla, infierno al paladar antes de amarla. Cuando trituro los gajos escarchados rompo el cristal y la felicidad; lamo y remuerdo esa entraña. Esta mujer oficia el amor con secreto vegetal porque la infelicidad no la agobia; esparce en bandada el olor a mujer con apetecida ondulación de mandarinas.

Alcaraván delictivo

I

El aclaraban enfrenta su monólogo; su silencio que no hemos descifrado.

II

Nos deja racionalizar la carne; nos deja luz y tiniebla, y desasosiego con tamaño del pie y cada una de las calles.

III

Si no hay voz de alcaraván nos la roba; por eso nos sentimos ofendidos. Ese ambiguo pecado de perder la palabra en las coordenadas del olvido.

IV

Si no hay luz el alcaraván se la saca de los ojos, descifra mensajes por cada muerto que deambula.

V

Se visiona en ese rumor de cosas, sombras y resolanas; en ese misterio de labios que no besaron; en esa ciudad de profecías y deseos que no se cumplieron.

VI

El alcaraván delictivo nos previene, con reloj de fantasma abrasivo, y conjuros para no prohibir la memoria con paredes que no se miran, se autoculpan o caen sordas.

VII

Para marcar las horas el alcaraván acecha, alza la pata impura, construye relatos de lo que vive o muere, y lanza su proclama de custodia silenciosa, infalible, casi bruja, indescifrable pero viva.

Cuestiones lingüísticas

En el sustrato de la lengua el fervor con pechugazos: todo lo que resta, oficio o no del poeta, es patria. Una geografía, un acento, el carácter y canción de cuna del suburbio posmoderno, rock, son, marimba, gallo pinto, rondón, mazurca, y todo lo que place en la garganta y ardor de la costumbre, mas la historia virtual en caravana; es decir, eso que tolerándolo, lejano o próximo al orgullo, nos deja donde nacimos como agua que no ahoga la memoria.

Samuel Trigueros Espino
(Tegucigalpa, Honduras, 1967)

Editor, actor y director de teatro. Premio Lira de Oro Olimpia Varela y Varela 1987, en poesía por el libro *Todo es amor tras esta nostalgia* y en ensayo por *Borges*; Mención de Honor para Poetas Jóvenes 1990, Revista Mairena, Puerto Rico, por el libro *Amoroso signo*; Premio Único de Cuento Súbito 1991, por el cuento breve *Sin una palabra*, Centro Editorial, S.P.S.; Premio Víctor Hugo de Poesía 2003, por el libro *Animal de ritos* (publicado en 2006); tercer lugar Premio Hibueras (Embajadas de Francia, España y Alemania en Honduras) de cuento 2006, por *Una despedida*. Antologado en *Panorama crítico del cuento en Honduras* y *La palabra iluminada*, ambos de Helen Umaña; *Papel de oficio*, *La hora siguiente* y *Versofónica*, del colectivo Paíspoesible; Poetas de Honduras, de VPRO Radio CD Onbeperkt houdbaar; *La minificción en Honduras*, de Víctor Manuel Ramos; *La herida en el sol*, de la Universidad Autónoma de México (UNAM), entre otras publicaciones. Ha publicado, además, los libros *El trapecista de adobe y neón* (poesía, relatos e ilustraciones, 1992), *El visitante* (cuento 1992) y *Antes de la explosión* (poesía, 2009). Sus poemas, relatos y ensayos aparecen en diversas páginas literarias, blogs y revistas literarias especializadas de Honduras y el extranjero. En abril del 2009, ganó el premio de narraciones "Migraciones: Mirando al Sur", otorgado por el Centro Cultural de la Agencia Española de Cooperación Internacional para el Desarrollo - CCET en Honduras.

Nada de perfil

Nada. Nada. Nada.
Nada llamó con voz oscura, de caverna,
hedionda a muerte,
a olvido espeso, a nada.

Nada disparó humo y metralla,
y respondió un Todo milenario,
con flores narcóticas, con hongos de la sierra,
con balandranes, con ráfagas de copal
y tambores africanos.
Nada quería la desintegración,
el desvanecimiento de todos los que brillamos,
ardientes,
contra el dominio de su sombra.
"No moriremos", a Nada le gritamos;
"No moriremos, no moriremos"
(a sus golpes de hierro);
"No moriremos" (a sus golpes de goma);
"No moriremos" (a su muerte de plomo).

Nada es viejo como la batalla de los siglos.
El murmullo de Nada inunda las paredes del día
y de la noche,
sube por los huesos, desangra el Tiempo,
llena el aire de podridos cardúmenes
entre el olor de pólvora y encierro.
Nada quiere que callemos:
cortada la garganta,
las bocanadas de luz
trocadas

en triste bocado de cenizas, fría la lengua
en la campana del grito.
Nada nos quiere transmutados en memoria,
en abolidos horizontes, en silencio.

Nada odia los paisajes. El aire que respira
Nada es cuadrado. El mar es para Nada una ofensa,
insomne en su isla de miseria:
hay una historia de pueblos que la mar recita,
interminable;
y Nada intenta amordazar bahías, las eternas playas
(Normandía, Playa Girón, Trujillo).
Nada es amargo. Nada es blindado para la ternura.
Nada toca a Nada. Nada.
Nada no tiene padre, no tiene madre. Nada es estéril.

En el camastro de Nada hay hojas putrefactas.
Nada
tiene una colección de mariposas
con alfileres en la espalda,
una colección de ojos desorbitados por la muerte,
de uñas moradas con restos
de piel que comen —furiosas— las hormigas.
Nada es un filántropo
en el mejor sentido del canibalismo:
Nada hace un banquete con nuestros corazones,
cepilla sus caninos con la pasta
de nuestros pensamientos (antes le hizo un agujero
de bala y exprimió nuestras cabezas).

Nada vive su muerte embalsamado,
nadando,
bocarriba en las esencias del destino.
Un error de cálculo, un gesto involuntario de terneza,

no son más que naderías para Nada.
Nada nunca se equivoca. Nada
corrige con hacha la finura,
porque Nada está antes de la omnipotencia:
Nada es pre-potente.

A la hora de sus abluciones de sangre,
Nada se dice ante el espejo en llamas:
"Nada hay que no lo pueda Nada".
Sin embargo,
Nada sufre de hipertensión,
sueña con fantasmas cuyos cabellos
siguen creciendo en la vigilia
y lo envuelven en terrores.
Mas Nada cree que es para siempre
y se ha hecho tatuar
en el reverso de la frente: "In God we trust".

En el pasado nada iba a veces de paisano,
tomaba asiento en las peluquerías,
memorizaba nombres en las noticias nacionales,
pedía un corte rasante y
—entre dolido y generoso— dejaba una propina:
"Para que se tome un cafecito". Todo esto
dicho al futuro muerto.

Nada es un muerto siempre fresco:
la piel verde, las llagas verdes,
las moscas verdes,
el traje verde,
el odio verde como una retama
en medio de los páramos.
"Nada ha de perecer en nuestras manos",
pasamos la consigna.

En su poltrona verde,
observa Nada los rojos horizontes;
tiembla quedito;
no dice nada, pero sabe
que ha de subir la mar del pueblo
y nada habrá que hacer,
sino esperar,
esperar
su propia Nada inexorable.

VII

Te hablo desde la soberanía de un grito que antes fue una cadenita de suspiros, un rosario de gemidos inútiles apenas válidos para quitar del pecho un poco de presión insana. Te hablo así, desde el derecho cósmico que me otorga el segundo de mi existencia sobre la Tierra yerma. Escúchame. Acaso no sea tan profundo el abismo que han levantado entre nosotros; tal vez haya un mal cálculo en la suma de distancias desde los puertos de tus mercaderes y los arrecifes de mi sueño. Han lanzado sondas, sputniks y voyagers, cohetes con letras cirílicas para investigar si es posible todavía unir la órbita mecánica de tu corazón con la olorosa almendra que llevo en el costado. El eco de la soledad vibra bajo los discursos de los que anuncian un nuevo orden construido sobre los viejos cimientos carcomidos. No los escuches. El eco de la soledad es un señor cetrino que cruza un hall interminable con dos cubos de hielo en la bandeja plateada de la tarde. Por eso insisto en que me escuches, que salgas de tu cáscara insonora y me escuches. Vuelve tus ojos hacia las estrellas moribundas de mi barrio, desde donde surge mi voz, y enternécete por un segundo. Sólo entonces se encenderá el geranio que hace un siglo coloqué en tu mano; y la muerte, incinerados sus pezones, se irá en silencio a amamantar su olvido.

Aida Toledo
Guatemala

Poeta, narradora y ensayista. Ha publicado varios libros de poesía, entre los que se cuentan: *Brutal batalla de silencios* (1990), *Realidad más extraña que el sueño* (1994), con el cual ganara el Premio 15 de Septiembre en 1992. *Cuando Pittsburgh no cesa de ser Pittsburgh* (1997), *Bondades de la cibernética/Kindness of Cybenetics* (1998), *Pezóculos* (2003), *Con la lengua pegada al paladar* (2006) ganador del Premio Único de Poesía de los Juegos Florales de Quetzaltenango en el 2003, *Un hoy que parece estatua* (2009).

Bondades de la cibernética

Fustigada por mí
Una mujer escribe

Se pregunta si soy
La mujer ideal
La que no fuma ni bebe
La mujer ideal
La que cocina y es para la cama

Por eso escribe mi nombre
En la pantalla
              una a una
Las letras de su nombre
En la pantalla
Y espero
            espera
La respuesta

La respuesta

7

Aquí yo
      ella en el espejo

Ella
La que fornica
La que a besos
      los deslabia

La que los lame

Esa dichosa mujer
      en el espejo

Aquí yo
Atrapada en el tejido

Fábula de Di y Pi
o la posibilidad de una lectura reversible

Se ven
   Se conocen y
      Conversan
          En corto tiempo
          Se tocan
          Loa lugares + íntimos
          A mordidas como besos
          Se arrancan los labios y las prendas
          Se acarician se pellizcan se lamen
          Se sitian se invaden y poseen
          Porque
          Di   debate su sino
          De caballero lúbrico
          Y Pi
          Siente entre las piernas
          Un cosquilleo adolescente
          Que no la deja dormir
          Por eso
          Se poseen se invaden se sitian
          Se lamen
          (si señor cómo se lamen)
                Se pellizcan se acarician

Se arrancan las prendas y los labios
Como besos a mordidas
Los lugares + íntimos
Se tocan
En corto tiempo
            Conversan
                    Se conocen y
                              Se ven

Enrique Noriega
(Guatemala, 1949)

Ha dirigido numerosos talleres de poesía. En su calidad de poeta tiene varios libros publicados: *Oh banalidad*, 1975; *Post Actus*, 1982; *La pasión según Judas*, 1990; *La libreta del Centauro copulante*, 1994; *El cuerpo que se cansa*, 1998, *La saga de n*, 2006 y *Épica del ocio* 2007 (Premio Mesoamericano de Poesía *Luis Cardoza y Aragón*). Ha asistido a importantes eventos de poesía del continente americano: Encuentro de poetas del Mundo Latino (México), Festival Internacional de Poesía de Medellín, Festival de Poesía de Granada, Nicaragua, Encuentro Hispanoamericano de Poetas de Bogotá, entre otros. Autor de varias antologías de poesía e impulsor de proyectos como *El Autor Voz Viva* (cuarenta grabaciones de escritores guatemaltecos). Actualmente dirige la editorial de la Tipografía Nacional en su país.

Tiré la toalla

No tenía otra opción
Más que la de golpear
Con mis puños las paredes
Y eso hacía

Las costras no sanaban

Cuando uno tiene un sueño
Y se cumple
Es una dicha

Pero lo que yo pedía
No era un sueño

Le daba duro a las paredes

Corría hacia las paredes
Y les daba duro

¿Adivina por qué?

Sencillamente
Porque las paredes
No me huían

Las paredes
No huyen de los locos

Y yo estaba loco

A donde fuera

A donde me llevaran
Habían paredes

Cero inquietudes

Yo estaba loco
Si hubiera estado cuerdo

Ahora no escribiría

No amara

No fuera lo que soy

Sería un señorito
Con una corbata
En la oficina

Soñando

O estaría

Con un teléfono
En la mano

Amparándome
En Dios

Un hombre vestido de blanco

Un hombre vestido de blanco
Parece el interior de una clínica de médicos
Pero
Sólo
Eso
Parece un litro de leche
De cuando mi abuela compraba su litro de leche
Pero
Sólo
Eso
Parece el severo luto de un japonés
Pero
Sólo
Eso
Parece la manoseada paloma de la paz
Pero
Sólo
Eso
Parece la pesadilla de la hoja en limpio
Del escritor que no produce
Pero
Sólo
Eso
Parece una mente torturada que se vació de gritos
Pero
Sólo
Eso
Porque
Habría que saber que
Un hombre vestido de blanco
Es
Sólo

Eso
Un hombre vestido de blanco
Y
Que
Un
Niño de la calle en Río de Janeiro o en Guatemala
Con un tiro de gracia en la sien
Es
Sólo
Eso
Un niño de la calle con un tiro de gracia en la sien
Quiero
Decir
Que
Pareciera que
Un hombre vestido de blanco o
Un niño de la calle con un tiro de gracia en la sien
Fueran
Algo
Distinto
A Un hombre vestido de blanco o
A Un niño de la calle con un tiro de gracia en la sien
Pero
    Qué
    Duda
    Cabe
Un hombre vestido de blanco es sólo eso
Y un niño de la calle con un tiro de gracia en la sien
También
Es
Sólo eso

como dentro de la piedra
sin noche ni madrugada
sin imagen ni verbo
como en ninguna parte

María Auxiliadora Álvarez
(Caracas, Venezuela, 1956)

Ha publicado los libros de poesía: *Mis pies en el origen* (Paramaribo, Surinam, 1978); *Cuerpo* (Caracas, Fundarte, 1985); *Ca(z)a*, (Caracas, Fundarte, 1990); *Cuerpo y Ca(z)a* fueron reeditados en una edición conjunta por Fundarte en 1993; *inmóvil* (Caracas, Pequeña Venecia, 1996); *Pompeya*. Plaquette (Universidad de Puebla y LunaArena Editores, 2003); *El eterno aprendiz* (Caracas, Bid & Co Editor 2006); y *Resplandor* (Caracas, Bid & Co Editor 2006). Poemas de títulos inéditos (*Sentido aroma, Páramo solo, Un día más de lo invisible, Las regiones del frío, y Paréntesis del estupor*) se incluyen en la antología *Las nadas y las noches*, Editorial Candaya, Barcelona, 2009; y en *Lugar de pasaje. Antología*. Monte Ávila Editores, Caracas, 2009. Entre otros reconocimientos, M. A Álvarez ha recibido el premio de poesía del Concejo Municipal de Cali, Colombia, 1974; el Premio Fundarte de Poesía, Caracas, Venezuela, 1990; y el premio "María Pía Gratton International Award", Urbana—Champaign, Illinois, USA, 1999. M. A. Alvarez estudió Artes Plásticas en Colombia y Venezuela y Letras Hispánicas en Estados Unidos. Actualmente se desempeña como profesora de historia colonial, estudios culturales y poesía contemporánea en la Universidad de Miami en Oxford, Ohio.

Tal vez sobrexistíamos

(a César Vallejo)

y comíamos y bebíamos y Nada
              nos cumplía y Nada
              nos saciaba

porque existíamos demasiado
                  o tal vez

          Sobreexistíamos

Y nada quedaba ya del aire o
        los pájaros Ni de sus
                huesos

porque nos lo habíamos comido

              Todo
   y Nada nos había saciado Ni
                cumplido

La visita, (2010)

El hueso de la apuesta

el regreso de la excavación trae los cartílagos rotos
                  El hueso de la apuesta
            / es una tela corta colgando en tiras

mas en la distancia se siguen contando los granos secos
[de la harina
/ que no alcanza

—el enfermo no atendido en el paisaje desierto— La sed
[que no aplaca pero ofrenda
/ Su sequedad

Paréntesis del estupor, (2009)

Piedras de reposo

todo lo que quiero decirte hijo Es que atravieses el sufrimiento
Si llegas a su orilla si su orilla te llega Entra en su noche y déjate hundir
que su sorbo te beba que su espuma te agobie Déjate ir *Déjate ir*
Todo lo que quiero decirte hijo Es que del otro lado del sufrimiento

/

Hay otra orilla
encontrarás allí grandes lajas *Una* de ellas lleva tu forma tallada
con tu antigua huella labrada Donde cabrás exacto y con anchura
no son tumbas hijo son piedras de reposo
con sus pequeños solea grabados y sus rendijas

Las regiones del frío, (2007)

Leonardo Nin
(Barahona, República Dominicana, 1974).

Ha desarrollado una intensa labor literaria en los Estados Unidos donde fue galardonado con el Premio Nacional de la Juventud por su dedicación a la propagación de los valores culturales dominicanos en el exterior. En febrero del 2008 fue seleccionado por el Comité de la Semana de la Herencia Cultural Domínico-Americana para formar parte de la Primera Jornada de la Nueva Narrativa Dominicana, celebrada en Miami. Sus trabajos han sido publicados en varias revistas y antologías de cuento y poesía. Ha publicado *Guazábaras* (2002). *Sacrilegios del excomulgado* (Imago Mundi, 2007).

La travesía

Con la boca cortada por mi llanto
de bestia, emerjo de las piernas del abismo,
que me cala y me traga hasta el aliento.

Y me bautizo,
revolcándome en el lodo sacro
de mis impuros deseos.

> ¿Qué soy?
> Hace tanto que me busco…

Soy ese, el mismo que se repite
en la multitud de muchos yo en la calle,
el que va corriendo, huyendo de sí,
hacia la infalibilidad de la decadencia.

> ¿Quién soy?
> Hace tanto que no lo sé…

Soy el que baja por el cordón umbilical
de su inevitable destino,
el que desciende hacia el silencio,
acostado en su tributo a lo humano.

Soy el que desaparece
poco a poco, desvaneciéndose
en los inclementes dinteles del tiempo.

> ¿Acaso sé hasta dónde bajará mi ataúd?
> Hasta la nada, a la absoluta nada...

Para no pecar

Subyugado, acepto mi penitencia, cargo
mi dorada cruz, en cuyo cuerpo de lisonjas
deformado, sacrifico mis profanas verdades de convicto.

¿Quién dijo que era inocente?

Los clavos del mundo sujetan mi carne al madero,
y una herida corona de improperios
se me clava en las sienes;
ya no distingo entre la sangre o el vinagre.

¿Quién dijo que era?

Si el ser
es lo que en realidad nunca hemos sido,
soy culpable lo sé, y me pregunto:
¿Qué tan hondo caí del fango al fuego?

Soy hijo prodigo del pensamiento,
peregrino de la conciencia,
idiota por convicción.

¿Quién dijo que fui,
si nadie nunca supo quién era?

Simplemente viví, para no pecar...

Cicuta para poetas

Seca esta boca que antes escupió necedades,
intoxica el paradigma de mi existencia indebida,
destiérrame y déjame vagar a pie descalzo
y con el alma en la lengua.

Forasteros dentro de sí mismos,
*   jueces de espejismos engañosos...*

¿Cómo juzgarme, si ustedes no se conocen?

Llévame al suicidio del acuerdo,
dilata mis pupilas, asfíxiame
con el conformismo de ser uno más
de la manada cabizbaja hacia la piedra sacra.

Víctimas de sus propias cárceles invisibles,
*   marionetas en un circo de marañas...*

*   ¿Cómo conocerme, si están, pero no pueden juzgar con*
certeza qué son?

Dificulta mi viacrucis,
mi sublimizada convicción de preferir
no ser, a simplemente estar.

Yo muero y ustedes quedan...
¿Pero quién de nosotros, tiene la peor muerte?

Susana Reyes
(San Salvador, 1971)

Es licenciada de Letras por la Universidad Centroamericana José Simeón Cañas (UCA), profesora de lenguaje y literatura. En 2001 recibió el reconocimiento Joven Talento año 2001 en el área de Literatura. XIX Edición en el Arte de la Literatura, otorgado por Galería 91 y el Consejo Nacional para la Cultura y el Arte CONACULTURA (2002). Actualmente es la Subcoordinadora académica de la Escuela de Jóvenes Talentos en Letras (programa auspiciado por el Ministerio de Educación y dirigido por el C—Innova de la Universidad Dr. José Matías Delgado). Trabaja como gestora cultural. Ha publicado *Recuento de relaciones* (Alkimia, 2003, en coautoría con Juan Ramón Saravia), *Historia de los espejos* (DPI, San Salvador, 2004), *Los solitarios amamos las ciudades* (Índole editores, 2009)

El suave olor a tabaco

las piernas fuertes
un país lejano

en la sala un corazón
y la abuela que acaricia los cabellos

en la cesta la algarabía
el olor a campo   el sudor   el miedo agazapados

Ella
tres palabras
su silencio
la cena por turnos
y el atardecer incierto

Nosotros
la espera
el abrazo   la cercana lejanía
la eternidad de la tarde

Ella
la ciudad en domingo
el corazón solitario
el laberinto

yo
una pregunta constante
un sobresalto   unas ganas del abrazo a medianoche

la abuela y su coraje

la madre y un rumor a las cinco de la tarde
yo y mi perro con su cola inquieta

ambas (ellas y yo)
los silencios y la espera
los caminos paralelos
el nudo en las palabras

◦●◦

Lo vi ascendiendo por la cuesta gris de la vieja ciudad
de su niñez
El hombre y el otro como uno nuevo
Su espalda de azulejos firmes
de ceniza y alma de los tigres que perdieron su fe en
los laberintos
de las páginas inútiles

El canto y los cuchillos como un viejo mar lleno de
remolinos
cuentan su afán de torpes señales que transitan por las
venas de todos en esta tierra

El hombre me mira desde su espalda
me intuye en el espejo que soy
Y en la luna que siempre vigiló sus pasos
el hombre se pierde en un momento eterno
en esa calle que no conozco
    como él no me conoce
y como yo no conozco a quien hoy se hunde por las
calles de estos versos provocados por la fiebre de un
rostro que jamás podré ver

◦●◦

Pero el remedio, aunque sea imperfecto, es huir siempre del último sitio donde se ha sufrido
  Charles Dickens, Casa desolada

La ciudad seguirá su pulso
el horizonte se ha desnudado de volcanes
el filo de los pinos muerde la tarde
y la voz de todos ensordece los pasos

Un susurro de viento y verde intenta aliviarla

Le ha dicho que nunca se juega con fuego
que el sabor de la soledad
terminará por vencer su alma
que nunca volverá por el mismo sendero
y que afuera caen, a pedazos, los pájaros.

Ayer soñó con la transparencia de viejos días
y rechazaba las caricias
de manos tristes
y la boca era un cuchillo desangrado

Soñó el ruido de la tarde
su látigo de fuego en la habitación
la vasta soledad del jardín acurrucado
las manos sobre el cuerpo tibio y sonriente
la voz como luz recorriendo las cortezas

Llueven diamantes sobre los árboles
y un mar silencioso y verde se mece.

Harris Schiff
(Nueva York, USA, 1944)

Es poeta utópico de la onda nueva Norteamericana. En 1963 se encontró con el poeta legendario, Jack Spicer, del San Francisco Renaissance, de quien recibió entrenamiento en modos de composición Orphean. Durante los años 70 Schiff vivió la vida comunal de los Hippies en Nuevo Mexico. De 1975 hasta el 2009 Schiff vive en Nueva York como miembro del "New York School." Allí realizó una serie de trabajos en colaboración con el poeta Ted Berrigan. Sus libros mas conocidos son: *In the Heart of the Empire*, (En el Corazón del Imperio), *I should run for cover but I'm right here* (Debo buscar refugio, pero aquí estoy), y *Yo-Yo's with Money* (Yo-yoes con Dinero), (en colaboración con Ted Berrigan). Ha presentado su obra en universidades de los Estados Unidos y ha leído en Amsterdam, Zurich, y Roma. Desde 1996, mantiene el sitio de Internet **E$claveria, Cyberzina de las Artes**. También ha creado un **Cyberpoem**. Se pueden ver video-lecturas de poemas de sus poemas en http://www.youtube.com/user/accenteditions.

Muy madre

adentro de ti
aprendí
el español

mi matadora
una señora en la calle
una puta en la cama
espíritu puro
hay más tiempo
   que vida
mátame poco a poco
soy tu esclavo a placer
de veras   mujer
      natural

Exterminator's Song

I don't know
why divineness
puts you here
any more than I
know why it puts
me here
but I do know
I am going to kill you
  and send you on your
Way
  That's how much
I fear you

Canción del exterminador

Yo no sé
porque la divinidad
te pone por acá
ni mas que sé
porque ella me pone por aquí

lo que sí Yo sé
es que te voy a matar
y enviarte por tu camino

Eso por causa de que
te temo tanto

René Rodríguez Soriano
(Constanza, Rep. Dominicana, 1950)

Escritor dominicano que goza de amplio reconocimiento y prestigio internacional; ha recibido distinciones como el Talent Seekers International Award 2009-2010, el Premio UCE de Poesía 2008, el Premio UCE de Novela 2007, el Premio Nacional de Cuentos José Ramón López de República Dominicana (1997), entre otros. Entre sus libros publicados destacan: *Raíces con dos comienzos y un final* (1977), *Todos los juegos el juego* (1986); *Su nombre, Julia* (1991), *La radio y otros boleros* (1996), *Queda la música* (2003), *Sólo de vez en cuando* (2005), *Apunte a lápiz* (2007), *El mal del tiempo* (2008) y *Rumor de pez* (2009). Desde 1998 reside en Estados Unidos desde donde desarrolla una intensa labor de difusión y promoción de la literatura dominicana a través de http://www.rodriguesoriano.net

Retrato de mamá

Cada vez que me mira,
ve que la miro,
envejeciendo de este lado
mientras ella cada vez rejuvenece
en mi recuerdo.

Retrato de papá

Sonríes y me reflejo en tu sonrisa
y de uno solo de sus rayos sale música,
la música que me remite al día que juntos
fuimos al río y me dejaste nadar
                      hasta donde se oye
no sé si el canto de los peces
o de los ahogados, y era hermoso
nadar de nuevo hasta tus brazos
y calentarse al sol de tu sonrisa.

La muda

Ella sólo calla,
tal vez habla por dentro,
desde donde salen los niños viejos
que Chago le sembró
desnuda en la mañana junto al río.

Fogón

Brasa abrazada a mi recuerdo, ardiendo
leña seca, piedra y humo.
Fragua nutricia
en la que las manos de mamá
cocían los días con la avena y el arroz.
Fuego al que vuelvo cada tarde
a reencontrarme entre los míos.

Oroliz

Ella hablaba de Cortez, de Vespucio
o de Ovando.
Yo urdía nuevos territorios
en el mapamundi de sus ojos,
cabalgaba sin aire
por las parejas sendas de sus dientes,
y deslumbrado como un ciego,
despertaba ante el milagro:
la fotosíntesis
era posible en su blusa sustantiva;
no había verbo ni adverbio
capaz de asir con tino sus caderas.
Yo aprendí los colores y las formas
sentado frente a ella, sin cuaderno.

Morena

Todos los lunes se lavaba en la casa,
todos los lunes venía la lavandera
con su hija,

la que un día en lo más apartado
del cafetal del lado oeste del patio,
lavó mis ojos y mis fuerzas
en el pozo sin fondo de los suyos,
bañó mi sed recién nacida
y la enseñó a nadar plácida
y agitadamente feliz
en el remolino de sus aguas donde
cada lunes cuando la madre venía a lavar,
plácida y agitadamente felices, volvíamos
a los rincones más escondidos del patio
o de la casa.

Apunte a lápiz (2007)

Sed de pez

Tu seno izquierdo navega hacia el olvido.
Enriquillo Sánchez

De tu silencio a mi silencio hay un abismo.
La angustia es un puente con las vigas rotas.
La sed, un cántaro ciego y al desgaire río abajo.
Un pájaro sin rumbo vuela la noche honda.
Mudo y sordo un pez se pierde en la comisura
                              de tus labios.
Yo no soy si tú no me nombras.
De mis labios a tus labios hay una historia.
Un cuento que termina en la palabra
                              misma del comienzo.
De tu silencio a mi silencio hay un reloj.
Una aguja que se clava en el silencio adrede.
Una daga herida por la ausencia de tu luz.

Rumor de pez (2009)

Diego L. Bastianutti
(Fiume, Italia, 1939)

En 1952 emigra a América del Norte. Después de un B.A.H., una Maestría en Literatura Española, y una Maestría en Finanzas Internacionales, obtiene un Doctorado en Literatura Española en la Universidad de Toronto. Profesor de literatura española en la Universidad de Queens desde 1970 hasta 1997, es también responsable del desarrollo del programa de Estudios Italianos. Es fundador de la Sociedad Dante Alighieri y fue Vicecónsul Honorario de Italia por el Este de Ontario (1977-1995). Además de sus publicaciones académicas en el tratamiento de español, italiano e Inglés, en particular con la literatura española de los siglos XVI y XVII, y el desarrollo de programas de ayuda de computadora (CAI) para la enseñanza de lenguas extranjeras, publicó la traducción definitiva en inglés de una amplia selección de la poesía de Giuseppe Ungaretti (Toronto: Ediciones Exilio, 1997,

466 pp.) con la que recibió el John Glassco (1998), premio a la mejor traducción en Inglés de una obra literaria extranjera. Gracias a las becas académicas publicó dos volúmenes de versos: *Il punto Caduto* y *La Barca en Seco*. Su último volumen de poesía, *Sin por Pugno di terra* (*Por un puñado de tierra*) ha recibido un prestigioso premio literario internacional. Actualmente se encuentra trabajando en su cuarta colección de poesía. Colabora con una revista literaria italiana en San José, Costa Rica, lleva una serie de talleres de poesía en Vancouver y hace ediciones freelance de manuscritos y pinturas. Pertenece a la Asociación de Escritores de Canadá italiana, la Liga de los Poetas de Canadá, la Federación de Escritores AC y el Mundial de la Poesía di Vancouver.

Amado albatros

¿Son mis muertos mis credenciales?
¿Canjearía unos dolores por pocas verdades?
¿Es que tengo respuestas a preguntas
irrelevantes hoy día?

Bajo el espeso manto del tiempo
todavía diviso vivas fronteras en movimiento:
el Oder cruzado por Alemanes que intercambian
recelo con Polacos que huyen de Lublin,
Sudeten y Prusianos orientales vagan
de Berlín hacia los campos para desplazados,
Eslavos echan a Italianos de su tierra ancestral
todos entrecruzándose
por tierras quemadas y mojadas de sangre
en la gran caldera Imperial, todos huyen
cojeando, arrastrándose, abrazando reliquias
de un mundo desaparecido para siempre
y que ningún alquimista nunca podrá
recomponer.

Una nueva entidad global había sido acuñada
—el D.P.—
frente, manos y culo timbrados como de norma,
espulgado, tanteado, sondado, palpado, re-nombrado,
clasificado, consignado, enviado, detenido,
de-fascistado, de-comunistado,
ignorado, desarraigado
y plantado otra vez en tierra virgen
extranjera.

De vez en cuando, casi sin darme cuenta
aún acaricio a mi amado albatros
ya que no logro deshacerme
de esa pluma fantasma
que mis dedos siguen rozando
—Fiume—
a menudo ella sigue susurrándome
"tú eres mío"

Quizás un día llegaré a decirle "Lo siento"
y la dejaré, pero…aún no
mientras acaricio llaves oxidadas
cuyas chapas parecen para siempre
perdidas.

Enigma

Administra su silencio como ningún otro,
una lengua que ella habla
por millares de años.

Frente a ella, a menudo él se siente
como un fantasma bien lubricado,
gozando de ella, pero no de su mudo pensar,
preguntándose cómo llena los desiertos
de su silencio cuando siente en sí la semilla
por él ya olvidada,
y a quién sonríe
cuando mira a través de él.

Lo observa ella con un mixto
de tedio, sabiduría y agotamiento.
Su mirada no es ni esquiva ni sostenida

ni curiosa ni indiferente.
¿Cuántas generaciones de mujeres
fueron necesarias para alcanzar esa mirada,
afilada como una navaja,
surgida de la larga memoria genética
de ignoradas vidas, trascurridas como despojos
en lóbregas bodegas de barcos,
sus muslos ensangrentados
en medio de muertos y escombros en llamas,
haciendo y deshaciendo su tejido
a través de inviernos sin fin.

¡Cuántas veces habrá advertido la presencia
de miles y miles de ellas
detrás del intenso aplomo de esta mujer
en cada instante de su vida!
Le envidia su amor desenvuelto
un amor incondicional,
porque ella es pura como un teorema
y densa como una estrella negra.

En el fondo, él la ve armada
con todas las armas que dios y la naturaleza
han otorgado a la mujer para que se defienda
de hombres frívolos y malvados.

Sin embargo, la desmedida vanidad
engendrada en su sangre
le impulsa a penetrarla
a ser su relojero
a vigilarla en su sueño para captar
el engranaje secreto que la hace única,
descubrirla entre un tic y un tac.

Aunque a menudo se cree
su amante
al fin confiesa ser solo
su testigo.

Lunas de Jano

Palabras
palabras que plasman
aquellas perfectas perlas lunares
con que embozo las ideas
que escribo y leo a vosotros
quien sin duda perciben la verdad
reflejada en su faz aluzada,
mientras yo cavilo
sobre aquella oculta y oscura
y me pregunto qué ponzoña
puede calar en la verdad tan pregonada.

Y antes que la sombra
manche la luz,
antes que pierda el eco
de mi propia voz en esta
siempre más rápida y difusa
desertificación de nuestra mente
antes que como Gadarenos
nos precipitamos en un vacío
provocado por nosotros mismos,

haré pedazos la máscara
de palabras tan bien ideada
me levantaré para impugnar al rey desnudo
para decir que veo el mal en los ojos del hombre

y que huelo el azufre en su aliento

denunciaré las falsas sirenas que en los estrechos
tejen mallas en torno a cobardes
que torturan a muerte la inocencia

soltaré risa amarga frente a la gran kermesse
en que hay que deleitar al hombre
si queremos que ayude a los desamparados
y gritaré al escándalo
frente a la manada de onanistas
que celebran la última moda
de autoexpresión.

En este mundo de expertos
en tejer mentiras
nunca ha sido el hombre más solo
y vacuo.

Dicen que es peligroso despertar
a un sonámbulo, pero
maldito sea
si pienso irme tranquilo
en la noche.

Álvaro Rivas Gómez
(Granada, Nicaragua, 1950)

Poeta y periodista. Cursó estudios de español en la Universidad Nacional Autónoma de Nicaragua. Autor de numerosos artículos sobre la Costa Caribe de Nicaragua. Mención Honorífica del Premio Centroamericano de Poesía Rubén Darío 1993. Premio a la excelencia en Periodismo en el concurso *Un siglo de la ciudad de Bluefields en la costa Caribe*, organizado por el Banco Centroamericano de Integración Económica y el Banco Interamericano de Desarrollo. En la actualidad es director de *Wani*, la revista del Caribe nicaragüense.

Ábrete sésamo

Nos rozaba el destino en el cruce
de las esquinas y en los silencios juntos.
Nos abría las puertas en busca del
encontronazo para hacernos caer
en su voz y cumplir al fin la promesa
del gesto: este silencio secuaz,
entre suspiros —nuestra ofrenda del aire—
y el olvido del nombre. Sí, porque ya
aquí pocas palabras alcanzan y ningún
conjuro puede más contra la piedra
que el Sésamo de la caricia
     y sus cuarenta ladrones.

Oración para sonreír

Que la sonrisa me crezca hasta las comisuras,
y desde allí se suelte a carcajadas y se vaya lejos.
No importa que sacuda a todos el pecho
ni que pase la noche persiguiendo a las estrellas.
No importa. Todo con tal que regrese;
que con el frío de la madrugada el último astro
se le desvanezca, el sueño
profundo la venza y venga otra vez
a tocar en mis labios con la yema dulce
de su índice. Que entre, Señor, de puntillas
en mi boca, que se duerma en mi lengua.

Pozo

En el brocal del pozo asomé
mi sed a lo profundo. Y en el fondo
—donde se refleja entre el cielo el rostro
y la voz se tarda en regresar—
he soltado mi piedra…

Y en tus ojos he visto chapotear
agua fresca de espíritus que asoman
desde tu interior, entre tus sonrisas.

Otoniel Martínez
(Guatemala, 1953)

Poeta, narrador y periodista. Vivió exiliado en México y Nicaragua. Es autor de los libros de poesía *Con pies de plomo* (México, 1981), *Homenaje rabioso* (México, 1986) y *Azul profano* (El Salvador, 1996). Es también autor de una novela *La ceremonia del mapache* (Guatemala, 1997).

Niña dibujando
A Jennifer

Tu mundo de árboles cometas y
castillos
máscaras flores y caminos
es también el mío, Jennifer.
Tú tripulas pompas de jabón
que a mí se me rompen demasiado pronto
y sueñas con tu traje de encajes
de cuando seas señorita
mientras que a mí
el traje de hombre que soñé
me queda a veces demasiado grande.
Alguna vez enfrentarás la vida
y quizá todavía lleves tu oso de peluche
o tus fantasmas bajo el brazo
o algún rosado sueño habrás roto ya
a medio cielo.
Tu mundo y el mío son gemelos Jennifer,
aunque en el mío haya más sangre
en ambos
existe la esperanza.

Ponga

una bomba
de tiempo
entrelíneas
al poema.

Que
se
derrumbe.
Luego
construya
una poesía
más justa.
Hallará lo necesario
entre los escombros.

Filosofía pura

Si
un sueño
no se cumple,
quizás se deba
a que no es lo suficientemente grande.

O
lo
suficientemente estúpido.

**El brujo como prueba concreta
de la existencia del hombre**

(A Sandra, diáfana en la memoria)

Puesto que nube,
abismo.
El brujo indagó sobre la exactitud de lo inasible
y recorrió laberintos de niebla
en la descontrucción de su ruta.

Reguero de espejos
dejó en su extravío.
Fragmentos de sí,
puesto que arena.
Al invocar el fuego en los altares del tiempo
le fue revelada la eterna fugacidad
de lo concreto
y supo que en el fondo de toda sombra
mora
una luz
victoriosa.

Esta primera edición de *Poesía del Encuentro* de **Adriano Corrales Arias**, está disponible desde los primeros días de octubre del año 2010, edición y cuidado de *mediaIsla editores, ltd* - miami, fl mediaisla@gmail.com